Equilibrium

Une vie sans émotions

Du même auteur

- Témoins de lumière - Des aventures ordinaires
- Recueil de l'Être
- Cœur de Framboise à la frantonienne

Suite romanesque : Le livre sacré

- Kumpiy - Le livre sacré - Tome 1 - L'œil et le cobra
- Kumpiy - Le livre sacré - Tome 2 - La confrérie du cobra
- Kumpiy - Le livre sacré - Tome 3 - Tara la guérisseuse

La Collection « de l'œil à l'Être »

- « Kung Fu Panda 1 » - la puissance du « croire »
- « Kung Fu Panda 2 » - La voie de la paix intérieure
- « La Belle Verte » - Retrouver sa nature
- « Inception » - Rêve, sommeil et manipulation
- « V pour Vendetta » - Vi Veri Veniversum Vivus Vici
- « La jeune fille de l'eau » - Notre vie a un sens
- « Les fils de l'homme » - L'espoir au corps

En savoir plus :
http://www.les-bouquins-d-ygrec.com

**Dans la collection
« De l'œil à l'Être »**

Equilibrium

Une vie sans émotions

YGREC

© 2015
Auteur : Ygrec
Photo de couverture : Y.Chhun
Production et édition: Books on Demand,
12/14 rond-point des Champs-Elysées, 75008 Paris, France.
Imprimé par Books on Demand GmbH

Deuxième édition

ISBN : 9782322014330
« Le Code de la propriété intellectuelle interdit les copies ou reproductions destinées à une utilisation collective. Toute représentation ou reproduction intégrale ou partielle faite par quelque procédé que ce soit, sans le consentement de l'auteur ou de ses ayants cause, est illicite et constitue une contrefaçon, aux termes des articles L.335-2 et suivants du Code de la propriété intellectuelle. »

Collection « de l'œil à l'Etre »

Extrait du poème de
William Butler Yeats
que l'on retrouve dans le film.

William Butler Yeats : dramaturge et conteur irlandais né à Sandymount (Dublin), le 13 juin 1865, décédé à Roquebrune-Cap Martin (France) le 28 janvier 1939

« *Je suis pauvre, je n'ai plus que mes rêves. J'ai déroulé mes rêves sous tes pieds. Marche doucement, parce que tu marches sur mes rêves...* »

LA COLLECTION
« De l'œil à l'Être »

Lors de mes conversations avec mes lecteurs et mes élèves, lorsque je réponds à leurs questions, oralement ou par écrit, j'ai l'habitude d'illustrer mes propos d'exemples de la vie courante. Je leur propose aussi la lecture de livres. Je leur conseille de regarder certains films. Je leur recommande surtout de lire ou de voir autrement.

Ils sont nombreux ceux qui me demandent, ou qui m'ont demandé, de publier des analyses, sur ce que je présente comme des références, lors de cet apprentissage difficile qui est celui qui mène à soi-même !

La collection « De l'œil à l'Être » devrait répondre aux attentes de certains, et je l'espère, de beaucoup.

Aucun des ouvrages ne constitue une analyse complète, mais chacun peut devenir un outil de développement personnel. Il s'agit d'apprendre à voir autre chose, de chercher un sens différent à ce qui nous entoure. Rappelons-nous que rien n'est caché. Le plus souvent, c'est nous qui ne savons pas voir.

Il est bien évident que ce que j'écris n'engage que moi, et non les auteurs, scénaristes, dessinateurs, producteurs, acteurs, qui ont exprimé ce qu'ils souhaitaient exprimer, et nous sommes libres d'apprécier ou pas, de comprendre ou pas, et même, de comprendre différemment. Je n'essaie pas de faire dire ce qui n'a pas voulu être dit, mais je tente simplement de faire passer un ressenti, le mien.

Le texte n'énonce pas des vérités, il a valeur de proposition pour illustrer les nombreuses notions et concepts de la voie spirituelle.

Même si tout n'est pas dit, même si tout n'a pas été saisi, ces auteurs, scénaristes, dessinateurs, producteurs, acteurs, etc.…ont su éveiller la curiosité et l'intérêt, et de cela, je les remercie. Ils doivent savoir que je m'efforce de me conformer à la loi en matière de droits d'auteur, et ne publie aucune photo, aucun texte en intégralité (je me permets toutefois certaines citations courtes), je n'organise aucune projection. Je continue, comme je l'ai toujours fait, de conseiller un livre, un film, etc, dont certaines parties sont, pour moi, de bons exemples à donner, complétant à merveille ceux de mon vécu personnel.
Si quelque chose m'avait échappé, compte tenu de la complexité législative, je leur serais reconnaissante de m'en prévenir et de m'en excuser.

Il ne sera pas inutile de préciser, à l'intention de mes lecteurs, que je n'ai de contrat avec aucun auteur, éditeur ou producteur, etc. J'écris ce que je pense, et cela, toujours dans le même but : aider les autres, et par voie de conséquence, m'aider moi-même.

Chacun des ouvrages de la collection « De l'œil à l'Être » traite d'une œuvre (film, pièce de théâtre, livres etc.). Les titres, les auteurs, les éditeurs, les distributions (lorsqu'il s'agit de cinéma), enfin tout ce qui est nécessaire à une identification exacte sans confusion possible, sont clairement énoncés. Tous les livres de la collection comportent une étude rapide des personnages et de certaines séquences. Ils abordent des sujets ayant un rapport direct avec l'œuvre mais aussi d'autres, dont la suggestion m'a paru intéressante. Nous chercherons ainsi à saisir les situations présentées, à trouver les effets et les causes, pour en tirer un enseignement, pour essayer de nous comprendre et de comprendre les autres. Les sujets généraux seront, à dessein, partiellement traités, et selon l'optique de l'œuvre. Ils trouveront leurs compléments dans un ou d'autres livres. Il est inutile d'aller trop vite.

D'un ouvrage à l'autre, nous retrouverons parfois, à l'identique, les introductions à certains paragraphes. C'est qu'il s'agira d'appréhender le sujet avec les mêmes techniques. D'autres fois, tout sera différent.

La collection « De l'œil à l'Être » existe, non pour imposer un point de vue, encore moins pour extraire des messages que l'auteur a souhaité transmettre (lui seul peut en parler) mais pour proposer des pistes de réflexion, libre à chacun de voir autre chose ou de ne rien voir du tout.

Amis lecteurs ouvrons grands les yeux de l'intérieur et prenons les chemins de l'Être.

INTRODUCTION

Cet ouvrage sera consacré à « Equilibrium ».

Ce film est passé inaperçu lors de sa sortie, en plein été 2003, dans un nombre limité de salles. C'est en DVD qu'il a trouvé ses fidèles et même ses fans.

« Equilibrium » peut intéresser tous les spectateurs. Il sera particulièrement apprécié de tous ceux qui cherchent la signification des événements, de tous ceux, aussi, qui sont troublés par cette société où il faut, soit bannir les émotions, soit les étaler piteusement, favorisant le voyeurisme, jamais la compassion. Ce film nous apportera aussi des éléments de réponses dans notre quête du « Sens » de la vie, dans nos doutes sur la conception de la liberté qu'on cherche à nous imposer.

Je suis sortie de la salle époustouflée par la chorégraphie des scènes de combat. La violence est toujours présente, physique et psychologique, une violence qui, dans l'intrigue, ne prend sa force que parce qu'on veut l'éliminer. Nous suivons le parcours de John Preston, nous suivons l'évolution d'un homme et sa réelle naissance à la vie. Nous passons alors du regard extérieur du spectateur sur le personnage, à celui posé sur l'intime, sur celui en qui on peut se reconnaître.

Après la projection, et si nous réfléchissons bien, nous nous apercevrons que nous ne goûtons rien de la vie quotidienne, ou si peu. Nous passons parfois sans rien voir de ce qui nous entoure. Mais tout devient beau pour celui qui a été privé de la liberté de ressentir.

Une fiche technique présentera d'abord le film puis nous passerons à l'étude proprement dite.

Pour profiter pleinement de ce livre, il est évidemment indispensable d'avoir vu le film au préalable. Si ce n'est pas le cas, il n'y a plus qu'à le refermer. Non seulement il est utile de connaître l'histoire du début à la fin avant de continuer, mais la lecture prématurée de cet ouvrage vous ferait peut-être oublier le spectacle, et ce serait dommage. Car n'oublions pas qu'il s'agit d'abord d'un spectacle à apprécier pleinement en tant que tel. Cependant, et pour tous ceux qui ne pensent pas pouvoir regarder ce film dans l'immédiat, je les invite à lire les chapitres « Comprendre » et « À l'écoute des autres » pour lesquels ils ne devraient pas se sentir perdus. Il est intéressant de regarder une deuxième fois le film étudié dans cet ouvrage, en notant ce qui paraît remarquable, en essayant de cerner les personnages, et en repérant les séquences à étudier. Mais, pour cette deuxième projection, chacun fera, après tout, comme il l'entend, comme il le sent. L'important est de se sentir à l'aise en pratiquant ces exercices qui ne doivent pas devenir une torture pour l'esprit, mais un jeu.

SYNOPSIS ET FICHE TECHNIQUE

I - Synopsis

Après la troisième guerre mondiale, la communauté des survivants regroupés dans « Libria » décide, pour éviter une autre destruction, de se libérer des émotions accusées d'être responsables de la violence. Tout objet culturel et familier est interdit. Chacun doit s'administrer une drogue, le « Prozium », annihilant toute émotion. Tout objet saisi est brûlé, tout contrevenant est arrêté par une milice redoutablement armée et entraînée, les Tétra-grammatons. Un des responsables de cette milice, *Preston*, brise involontairement une de ses doses. Un champ de sensations s'ouvre alors en lui, et il mettra en doute les fondements même de cette société « idéale ».

Précisions utiles :

Libria : Lieu où se sont établis les survivants de la troisième guerre mondiale.
Les habitants de *Libria* vivent dans une société hiérarchisée.

En haut de l'échelle, les *Tétra-grammatons* ; à leur tête le *Père ;* leur main armée, les *Recteurs Grammatons* ou *Ecclésiastes,* formés à l'éradication des déviants émotionnels.

Prozium : substance que s'injectent à heures fixes les habitants de *Libria* pour supprimer toutes les émotions jugées responsables de la destruction de l'homme.

Gun-Kata ou Kata des armes. Technique élaborée par le réalisateur, et développée par le chorégraphe de combats Jim Vickers, infligeant un maximum de pertes, tout en se protégeant par la connaissance des trajectoires prévisibles des ripostes.

II - Fiche technique

Réalisation	Kurt Wimmer
1ier assistant-réalisateur	Brian W Cook
Scénario	Kurt Wimmer
Musique	Klaus Badelt
Décors	Wolf Kroeger
Costumes	Joseph A. Porro
Montage	Tom Rolf William Yeh
Producteur(s)	Jan de Bont, Lucas Foster
Genre	Fantastique, SF
Durée	1 H 50
Sortie	6 décembre 2002 aux USA 9 juillet 2003 en France
Sortie dvd	18/03/04
Langue(s) originale(s)	Anglais
Pays d'origine	États-Unis

III - Distribution

Seamus :	Dominic Purcell
John Preston :	Christian-Bale
Partridge :	Sean Bean
Officier :	Christian-Kahrmann
Pharmacien :	John Keogh
Père :	Sean Pertwee
Jürgen :	William Fichtner
Dupont :	Angus Macfadyen
Officier des archives :	David Barrash
Gardien des portes :	Dirk Martens, Florian Fitz
Brandt :	Taye Diggs,
Robbie Preston :	Matthew Harbour
Epouse De Preston :	Maria-Pia Calzone
Lisa Preston :	Emily Siewert
Mary O'Brien :	Emily Watson
Com. des Forces Armées :	Mike Smith
Chef nettoyeur :	Daniel Lee
Chef des rebelles :	Francesco-Calabras
Victime rebelle :	Kurt Wimmer
Op. du crématorium :	Anatole Taubman
Prop. de la bibliothèque :	Brian Connelly

Sec. de Dupont :	Brian Cook
Coord. des recherches :	Mehmet Kurtulu
Proctor :	David Hemmings
Interrogateur :	Klaus Schindler
Détecteur de mensonges :	Oliver Brandl

IV - Récompense :

2003: American Choreography Awards USA, Jim Vickers (Fight Choreography)
2003: PFCS Award, Phoenix Film Critics Society Awards

V - Box-office France : 88 575 entrées

ENVIRONNEMENT

Dans la société de « Libria », chaque individu s'injecte une dose de « Prozium » de façon à annihiler toute émotion. Dans les appartements sombres et froids, nul objet pouvant déclencher quelque sentiment, pas de livres, pas de poésie, pas de musique. Même les fenêtres sont recouvertes, laissant passer une lumière minimale, mais pas d'images nettes des paysages.

Les visages, les corps sont rigides et froids. L'aspect extérieur est uniforme, et l'on voudrait parvenir à la conformité intérieure.

L'image de tous ces humains robotisés, marchant au même pas sous la harangue du « Père », encadrés par de nombreux policiers en armes, est troublante.

La minorité, refusant ce mode de vie, est pourchassée et exécutée, avec des moyens et des déploiements de force impressionnants, des moyens disproportionnés si on les compare à ceux, bien modestes, des rebelles.

Un climat de suspicion s'installe inévitablement, la délation étant toujours possible même au sein d'une même famille.

Au nom de la paix et de la liberté, un état policier mène sa propre guerre. Tout est filmé et enregistré. Les hommes en armes sont partout. La contestation n'est pas possible. Les exécutions sommaires sont normales.

Les allusions à la religion sont toujours présentes. Les rebelles se cachent dans les *enfers*. Les dissidents sont ***brûlés vifs***. L'autorité suprême est *le Père*. Les membres de la haute hiérarchie de la police, les Tétra-grammatons, se nomment les ***recteurs*** ou ***ecclésiastes***. Les enfants sont en formation au ***monastère***. On rappelle à l'ordre les recteurs en leur demandant s'ils ont ***la foi***. La lettre *T* est partout visible, représentant dans le film la première lettre de Tétra-grammaton. C'est aussi le ***Tau***, appelé parfois croix de St Antoine, ou encore, croix de St François, utilisé par St François d'assise, signe, pour lui, d'élection divine.

LES PERSONNAGES

Les personnages principaux

Nous ne pouvons parler de tous les personnages en détail. Ils ne font souvent qu'une apparition, mais tous ont pourtant leur importance.

Tout comme dans nos vies quotidiennes, les petits rôles sont souvent indispensables. Que serait l'acteur principal sans eux. Que serions-nous sans les gens que nous croisons à peine, mais qui, parfois, agissent et disent, ce que nous attendons inconsciemment d'eux. Rappelons-nous que ce sont souvent des inconnus qui conditionnent certains de nos actes.

PARTRIDGE

Il est un des premiers personnages que l'on découvre aux côtés de Preston, avant et après une scène violente. On devine immédiatement une faille, car son visage se veut rigide, alors que celui de son coéquipier l'est vraiment. Un mot, une attitude et tout est joué. Preston devinera vite qu'il trahit et le tuera.

Froidement ? Non ! Pas vraiment. Partridge disparaîtra physiquement dès le début du film, mais sera présent jusqu'à la fin.

JOHN PRESTON

Preston sera, tout le long du film, animé par le désir de savoir qui était Partridge. C'est la mort de cet homme, et surtout le fait même d'en avoir été l'exécuteur, qui va devenir le déclencheur de toute l'histoire. Preston est déjà perturbé par l'arrestation de sa femme, même s'il ne le dit pas, même s'il n'en a pas une conscience claire. Cette arrestation hante ses rêves. Évidemment, l'inoculation du Prozium annihile toute émotion, mais il reste quelque chose à cet homme infiniment sensible, on le découvrira ensuite. Son premier malaise est de ne pas comprendre pourquoi il n'a pas vu la trahison, autant chez son épouse que chez son collègue. Ces deux êtres, qu'il aime inconsciemment, car il ne sait pas nommer ce qu'il peut ressentir, ont désobéi. Pourquoi ? Que sont ces émotions pour lesquelles les gens acceptent la mort, organisent une résistance ?

Lorsqu'il brise involontairement sa dose de Prozium, lui vient la tentation de ne pas la renouveler. Il veut la remplacer pourtant, mais son nouveau coéquipier vient le chercher. Il n'ira pas jusqu'au bout. Il aurait pu le faire attendre. Il aurait peut-être eu le temps. Il a envie de savoir. Et tout s'enchaîne, comme chaque fois que quelqu'un est prêt à accepter les changements nécessaires à sa progression, quand il est prêt à accomplir sa destinée.

Ses premières découvertes l'effraient, mais il résiste à la tentation de s'injecter la fameuse drogue et continue l'expérience. La beauté le submerge alors, beauté des corps, des objets, de la musique. Les sensations tactiles le surprennent. Il ne peut plus tuer aveuglément, mais tuera pourtant, pour sauver sa vie peut-être, pour aller plus loin aussi dans ses recherches, mais pourquoi pas, après tout, pour sauver ce qu'il reste à sauver d'une humanité prisonnière.

Quand on a été privé de quelque chose d'important, on en connaît doublement le prix ensuite.

Toutes ses convictions s'effondrent et les mots des rebelles résonnent au milieu de ses doutes. Et cet homme, qui s'est toujours dévoué à la communauté et pour la liberté, va continuer à le faire, mais dans un autre sens.

LISA et ROBBIE PRESTON

Ce sont les enfants de John Preston. Leur rapport avec leur père est froid et calculé. Pourtant, tout est simulation, on le verra ensuite.

BRANDT

Il est le nouveau coéquipier de John Preston. Aussi intuitif que lui, mais plus intéressé, il est arriviste. On le devine vite, il ne laissera rien passer. Il perçoit immédiatement le trouble de Preston devant Mary O'Brien, une rebelle arrêtée, puis condamnée à être brûlée vive. Même s'il sait, dès les premières minutes, que Preston n'a pas pris sa dose de Prozium, il ne peut le prouver. Exécuteur zélé de Dupont, il tendra son piège.

PÈRE

Il est le premier personnage de l'état, c'est le fondateur. Nul ne peut le rencontrer, mais tout le monde le voit et l'entend, à longueur de journée, sur des écrans géants où il diffuse sa propagande. « Père » n'est plus, mais nul ne le sait. « Père » a-t-il voulu cet état policier ? Peut-être n'a-t-il voulu que le bien de tous en réalité. On ne saurait le dire, mais on ne doute pas des intentions de ses successeurs.

DUPONT

Dupont est théoriquement le second personnage de l'ordre des Tétra-grammatons qui dirigent l'État. En réalité, il est le véritable maître de Libria. Il est plus facile de s'imposer en invoquant les ordres d'un chef suprême qu'on ne peut plus rencontrer. Et pour cause ! Il le dit lui-même : *pourquoi le « Père » ne serait-il pas une marionnette comme les autres*. Il veille à la formation de son armée d'élite, menée par des recteurs choisis parmi les meilleurs, meilleurs dans la pratique des combats, et principalement dans celle du « gun-kata ». La particularité de ces recteurs ou ecclésiastes est leur capacité à repérer les déviants.

MARY O'BRIEN

Elle est une des rebelles. Elle est arrêtée pour dissidence. Elle ne prend pas sa dose de Prozium et collectionne les objets interdits. Elle émeut immédiatement Preston qui n'a pas pris le Prozium le jour de son arrestation. C'est cet amour naissant et les mots qu'elle prononce qui vont mener Preston jusqu'au bout de son humanité.

JÜRGEN

Jürgen est le chef des rebelles. Son attitude et sa voix sont paisibles. Il surveille le revirement de Preston. Il lui fera confiance et saura le guider dans sa nouvelle voie.

Les personnages comparés

Preston et Partridge

Il semble que les deux hommes soient très proches dans leurs caractères initiaux. Il semble seulement, car nous ne verrons pas assez Padridge pour en juger. On peut imaginer que leur engagement parmi les Tétra-grammatons avait, au départ, le même sens.

Preston et Brandt

On sent immédiatement une opposition dans leurs caractères, leur seul point commun étant leurs facultés intuitives. Preston a un idéal collectif. Il est capable de dévouement. Il sert Libria et il sert son peuple. Brandt est arriviste, son seul but est de monter en grade et il est prêt à tout pour cela. Il est vaniteux et impatient. Il ne sait que se servir lui-même.

Brandt et Dupont

Brandt peut être rapproché de Dupont. Ils ne voient, tous deux, que leurs intérêts personnels. L'objectif est de supprimer les rebelles. Brandt est un exécuteur zélé. Dupont l'utilise comme il manipule tout le monde, comme il manipulera Preston. Sachant jauger les autres, Dupont met à profit les qualités et les défauts de chacun. Il élimine tous ceux qui pourraient représenter un danger pour l'état totalitaire qu'il a mis en place, et donc, pour son pouvoir personnel.

Preston et Jürgen :

Preston est la force physique, la détermination, le combat. D'ailleurs, il ne connaît que cela. Il ne sait pas encore ce qu'être humain veut dire. Il croyait le savoir. Et Jürgen a tout à lui apprendre à ce niveau-là.
Jürgen, sensible, empathique, accueille Preston. Il est conscient de ses responsabilités, sa vie ne lui appartient plus pour que les autres aient la leur. Jürgen peut « servir » parce qu'il est, justement, capable d'empathie, tout comme Preston d'ailleurs, mais

Preston ne le sait pas encore. Jürgen saura prononcer les mots que Preston attend. Il peut décrire ce qu'il ressent.
Jürgen sait que Preston vient accomplir sa destinée. La chose est claire dans la réplique: « Sais-tu pourquoi tu es ici ? ».
Non ! Preston ne sait pas ! Preston est perdu ! Tout ce que représentait, pour lui, l'ordre, la justice, la vérité, tout s'est écroulé. Tout ce qu'il croyait être n'est plus.
À l'esprit agité de Preston s'opposent le calme et la détermination morale de Jürgen.
Preston arrivera à ce calme, un calme froid venant après une tempête, lorsqu'il apprendra qu'il a été manipulé. Il sera implacable.

Collection « de l'œil à l'Etre »

LES SCÈNES

Arrivée de Preston et Partridge

Une des premières scènes du film montre l'arrivée de Preston et de Partridge sur le lieu d'une intervention. La symbolique des voitures blanches et de la tenue vestimentaire noire est importante. Il est, en même temps, logique que les forces de l'ordre soient habillées de noir puisqu'elles agissent toujours dans l'ombre.

C'est Preston qui mène les opérations. On sent immédiatement la différence entre les deux personnages. L'un semble avoir plus d'humanité que l'autre.

La scène qui suit est très violente bien qu'elle se passe dans l'obscurité la plus complète. Tout se joue dans le bruit des armes, le feu qui en sort, et les cris des victimes. On découvre pour la première fois une application du « Gun Kata ». La police ne ramassera que des cadavres.

Preston cherche alors les objets interdits. Il devine où ils se trouvent seulement en regardant autour de lui. Il ordonne de brûler la Joconde (on oubliera l'incohérence de son identification : peinture sur toile et peinture sur bois ; ceci n'est pas notre propos). L'intéressant réside ici dans le plan du sourire de la Joconde qui semble se moquer de Preston.

Au retour de cette mission, Preston s'aperçoit que Partridge a gardé un livre, il lui en demande la raison. La réplique est intéressante, c'est celle que reproduira Preston quand il sera dans la même situation.

Entretien Preston Dupont (11 mn du début environ)

Dupont interroge Preston sur sa faculté particulière à retrouver et détruire les ennemis de Libria, ceux qui refusent de prendre le Prozium. L'épouse de Preston a été arrêtée, et il veut savoir ce qu'il a ressenti.

On sent ici la difficulté de Preston à nommer ce qui se passe en lui. Mais c'est à la fin du film qu'on comprendra tout ce que Dupont va en tirer. Il lui reproche de ne pas avoir vu la trahison de sa femme.

On devine alors, que, malgré le Prozium, Preston a des émotions. Il est, en fait, d'une grande sensibilité et il a l'intuition de ce qu'il doit trouver. Il est, en plus, idéaliste, et deviendra une proie idéale pour Dupont. Sans le Prozium, il serait sans doute d'une grande bonté, et les « bons » sont souvent manipulés.
La première manipulation, justement, apparaît dans cette scène, mais, même si nous la sentons, nous ne verrons que par la suite comment elle opère.

Confrontation Partridge/Preston (à 15 mn environ)

Dans une église désaffectée des « enfers », Preston retrouve Partridge qui lit de la poésie.
On sent l'amitié qui lie ces deux hommes, même si Preston ne sait pas nommer cela : amitié. Il ne souhaite pas le tuer, mais Partridge l'y oblige, en quelque sorte, en préparant son arme.

Avant de succomber, Partridge récite quelques vers. La discussion et les mots prononcés resteront en Preston pour alimenter ses doutes.

Il fait immédiatement la connaissance de son nouveau coéquipier qui fera tout pour nourrir sa culpabilité. La différence entre ces deux êtres est immédiatement flagrante.

Preston rentre chez lui (19 mn)

Il est raccompagné chez lui par Brandt. C'est la première apparition du fils de Preston dans le film. Un être qui semble froid et totalement acquis à la cause du « Père ». Mais c'est un leurre.

Le rêve de l'arrestation de Viviana Preston (21 mn)

L'épouse de Preston a été exécutée. Elle ne prenait plus ses doses de Prozium. Lors de l'arrestation, Preston en était resté effaré. Ses rêves lui rappellent l'absence de son épouse. Il ne comprend pas ce qui se passe en lui. Il ne peut définir le doute inconscient qui l'assaille. Il ressent, mais il ne sait plus ce que signifie le mot ressentir. Il est persuadé que, grâce au Prozium, rien ne peut l'émouvoir.

Preston casse l'ampoule de Prozium (22 mn)

Son fils lui rappelle qu'il doit absolument la remplacer. Son attitude est froide et lugubre. On sent les doutes de Preston qui se justifie. Les délateurs sont partout.

Preston n'a pu prendre le Prozium (23/24 mn)

Preston n'a pas pu remplacer sa dose de Prozium, mais peut-être ne l'a-t-il pas voulu. Deux êtres chers ont trahi, et les doutes sont maintenant en lui. Son épouse n'a rien pu lui dire, mais lui a montré son attachement. Son ami lui a laissé les mots qui ont éveillé sa curiosité.

Arrestation de Mary O'Brien (25 mn)

Preston entre dans l'appartement de Mary O'Brien. Il lui reproche de ressentir des émotions. Il la bouscule et la plaque devant le miroir. Ce « regardez-vous » va tout changer dans la vie de Preston. Car il la regarde aussi, et il voit autre chose qu'une enveloppe. Il découvre la beauté mais aussi le regard. L'œil, le regard, le miroir seront présents dans tout le film.

Interrogatoire de Mary (28 mn)

Preston n'est pas encore sous l'emprise totale de ses émotions. Mais les mots que Mary va prononcer vont encore augmenter ses doutes. Le mot « ami », la question « Pourquoi êtes-vous en vie ? » qu'elle lui pose, et la réponse qu'elle donne, vont hanter ses pensées.

La leçon de « Gun Kata » (30mn)

Dupont forme ses élèves dans la salle d'entraînement. Du balcon, Preston entend ses paroles. La dernière phrase prononcée par Dupont va être prophétique, mais il ne saura pas la mettre en œuvre. C'est certain, Preston est manipulable, mais aussi redoutable. Il aura tort de ne pas se le rappeler.

Cauchemar de Preston (32mn)

Preston fait un cauchemar. À son réveil il perçoit la beauté des paysages et se précipite sur sa dose de Prozium. Il renoncera à l'injecter.

Preston marche dans la foule (34 mn)

Fondu dans la foule, Preston commence à ressentir les sensations tactiles. Il observe les autres et reconnaît ceux qui ressentent les émotions.

Pendant toute la marche, le « Père » distille sa propagande. Les mots qu'il prononce prennent un tout autre sens pour Preston. Il énonce le sacrifice des bonnes émotions pour obtenir la paix, il prône le choix de la conformité.

Attaque des entrepôts (36 mn)

Preston a totalement basculé. Il découvre les objets interdits et y pose un tout autre regard. Il cache un livre, et Brandt lui pose la question qu'il avait lui-même posée à Partridge. Les rôles sont inversés. Il assiste avec horreur à l'extermination des chiens et en recueille un.

Demande d'audience de Preston à Dupont (45mn)

Il demande les raisons de l'extermination des rebelles avant tout procès. Il demande l'application de la loi. Dupont lui répond que la priorité est *l'obéissance au « Père »*.

Preston se rend dans les enfers (48 mn)

Il veut relâcher le chien qu'il a recueilli mais il est surpris par une patrouille. Découvert, Preston devra tuer tous les agents pour sauver sa vie. Il ne peut plus désormais revenir en arrière et cache ses doses de Prozium.

Combat avec Brandt (54 mn)

Brandt provoque Preston lors d'un entraînement. Il sera battu certes, mais il aura prononcé les mots qui troubleront Preston. Celui-ci découvre comment les émotions peuvent le rendre vulnérable. Il apprend à se maîtriser. Cette scène montre les moments où l'émotion prend le pouvoir, et les instants où Preston reprend la main sur elle. Car le combat est celui de Brandt et de Preston, mais il est aussi celui de Preston contre lui-même.

Reed dans les enfers (56mn)

Preston est obligé de choisir son camp, il aide les rebelles, mais ceux-ci sont rattrapés, et Brandt demande à Preston de procéder lui-même à l'exécution. Il ne peut s'y astreindre.

Preston devant le corps de Partridge (6o mn)

Il regrette de l'avoir tué. Il découvre dans ses affaires une photo avec Mary. Au dos de cette photo le mot « liberté ». Partridge faisait donc partie de la résistance.

Visite à la bibliothèque (65 mn)

Le besoin d'en connaître plus sur Partridge l'obsède.
Il trouve l'entrée de la base de la résistance. C'est là son premier contact avec Jürgen.

Jürgen lui fait confiance, lui montre le passage secret, et l'accueille dans la résistance. Il lui explique que les émotions non contrôlées peuvent amener au chaos et que certaines personnes, comme lui ou comme Preston, ne peuvent pas se permettre d'avoir des émotions pour que les autres en aient. Il laisse Preston devant ses choix.

Convocation de Preston chez Dupont (72 mn)

Dupont souffle le chaud et le froid. Il semble l'accuser et l'envoie ensuite en mission.
Preston est manipulé mais n'est pas assez retors pour l'imaginer. De plus il pense Dupont dénué d'émotions.

Preston rentre chez lui (75mn)

Il passe dans la chambre de ses enfants. Son fils se réveille. Le « bonsoir papa » surprend Preston.

Preston accepte de tuer le « Père » (77 mn)

Preston visionne la condamnation de sa femme (80mn)

Avant l'exécution de Mary, il visionne la vidéo de l'annonce de la sentence de condamnation de sa femme. Il voit son propre visage imperturbable et se décide à revoir Mary. Il arrive trop tard. Mais l'image de l'exécution restera en lui. C'est cette image qui lui permettra d'accomplir sa mission. Il est alors interpellé par Brandt. Mais il retourne la situation, ou plutôt il croit la retourner.

Fouille de l'appartement de Preston (86 mn)

Il découvre alors que ses enfants ne prennent plus de Prozium depuis le décès de leur mère.

Preston livre la résistance (88 mn) pour pouvoir approcher le « Père » et l'assassiner.

Entretien ave le « Père » (90 mn)

Preston comprend qu'il a été manipulé. Brandt n'a pas été arrêté. « Père » est mort. Dupont a pris le pouvoir.
Preston a été manipulé pour livrer la résistance. Il s'est livré lui-même. Il passe par toutes les émotions possibles, puis elles se détruisent.

Lutte avec Dupont

Après avoir éliminé tous les gardes, puis Brandt, une dernière lutte l'oppose à Dupont.

En entrant dans son bureau il comprend que Dupont ne prend pas le Prozium. C'est là qu'il intègre totalement la phrase de Jürgen. Pour que le peuple puisse vivre normalement, les dirigeants ne doivent pas avoir d'émotions propres. Ils doivent décider pour le bien de tous. Dans Libria, c'est actuellement le contraire, personne ne doit rien ressentir sauf le chef suprême.

Preston arrive à désarmer Dupont qui plaide pour sauver sa vie mais il ne peut plus manipuler Preston.
L'image de l'exécution de Mary le fera aller jusqu'au bout. Cette image est celle de son amour perdu, mais aussi celle de l'humanité sacrifiée.

La question est ici : Preston a-t-il mis de côté ses propres émotions pour le bien de tous, ou est-il sous l'emprise de ses émotions quand il tue. Agit-il pour libérer Libria, ou pour se libérer par la vengeance ? Peut-être les deux à la fois.
Tuer Dupont, c'est résoudre les deux problèmes. C'est peut-être assumer ses rêves comme le lui demande Partridge au début du film.

Dernières images

L'œil et la pupille qui s'ouvre sur un nouveau monde, la main qui caresse le ruban et le sourire du vainqueur. Le visage redevient humain.

COMPRENDRE

Un film, un livre, une pièce de théâtre, une conversation, même seulement entendue au passage, une rencontre, même quand elle est brève, un papillon qui passe, un bourgeon sur un arbre, un oiseau qui se pose, tout peut nous permettre d'apprendre. Il s'agit d'ouvrir les yeux et de voir avec l'œil intérieur.

Ce chapitre a pour but de récapituler quelques éléments qui pourraient nous permettre de progresser dans notre recherche de nous-mêmes.

Évidemment, nous ne pouvons pas tout voir, ni tout expliquer, mais essayons de voir l'essentiel.

Il ne suffira pas seulement de repérer ce qui est important. Il ne suffira pas seulement de lire les messages, mais de les faire nôtres.

Cherchons en nous ce qui nous rapproche des personnages. Voyons où et quand leurs erreurs sont souvent les nôtres. Ne nous cachons pas que les situations présentées se rapprochent parfois de celles que nous avons vécues ou que nous vivons.

Soyons clairs avec nous-mêmes, sans condamnation ni indulgence, sans jugement.

C'est ainsi que nous progresserons. C'est ainsi que notre vécu deviendra expérience.

Il ne s'agit pas de considérer la projection d'un film, la lecture d'un livre, comme une expérience en tant que telle, mais de comprendre comment elle peut éclairer les actes incompris (totalement ou partiellement) de notre existence.

Rappelons-nous que notre cerveau ne classe, dans le tiroir « expérience acquise » que ce qui est vraiment intégré.

Parallèle entre Libria et notre société

Dans le film, les émotions sont tenues responsables de la destruction et de la violence. Elles doivent être éliminées. C'est ce que les dirigeants de « Libria » tentent de faire en obligeant la population à s'injecter des doses de Prozium à intervalles réguliers.

Ils ne le peuvent pourtant pas totalement. D'une part, parce que certains désobéissent, et d'autre part, parce que d'autres individus, les plus sensibles, continuent à éprouver des émotions, même si elles sont amoindries, même si, se croyant immunisés, ils ne peuvent les reconnaître.

C'est le cas de Preston mais aussi de la plupart des Tétragrammatons, car paradoxalement, pour faire régner l'ordre, il faut repérer les déviants, et ce sont les émotions et l'intuition qui le permettent.

Pour éviter toute tentation de s'émouvoir, l'environnement est froid et uniforme, la propagande accompagne chaque instant de la vie de la population. La police est partout présente et menaçante, au cas où certains éprouveraient des émotions, car il est important de leur mettre au cœur celle qui les fera rentrer dans le rang : la peur.

La foule compacte avance au même pas, composée d'automates aux visages sans expressions, aux yeux sans regards.

Imaginons ce que serait notre vie dans un monde privé d'émotions : une existence de robot parmi d'autres robots !

Dans notre société, les émotions n'ont pas bonne presse. Il faut les cacher avec soin de peur d'être rangé dans la catégorie des faibles, ce qui empêcherait toute progression sociale. Il faut dissimuler notre sensibilité car nous serions exploités. Il est nécessaire de ne pas donner son opinion pour ne pas être catalogué. C'est ainsi, qu'au travail, de façon plus ou moins marquée, nous nous conformons à l'attitude générale, nous ne prenons jamais position (ce serait se dévoiler). La discussion principale tourne autour de la météo, et même, pour cette « discussion », il ne faut pas être bizarre en aimant la pluie. Nous continuons après le travail, dans les transports, dans les magasins quand nous faisons nos courses, et même dans nos promenades, enfin, tant qu'un autre est susceptible de nous deviner. Nous avons tellement l'habitude de porter un masque qu'il nous est difficile de l'enlever. Cette mascarade nous enferme, nous isole, nous rend plus égoïste. Nous sommes tellement occupés à « avoir l'air de », que nous en oublions « d'être ».

Imaginons le nombre d'émotions refoulées, enfermées, multipliées. Il y a de quoi nourrir la violence la plus extrême. Quand ce n'est pas la violence, alors c'est l'apathie, la maladie, la dépression. Lorsqu'il s'agit alors de nous guérir, nous montrons un tel écheveau d'émotions entremêlées, les vrais et les fausses, les premières et les dernières, les principales et les secondaires, qu'il est difficile de reconnaître le début de la fin.

Croyez-vous que notre société ait besoin d'une dictature comme dans Equilibrium ? Ce n'est pas nécessaire (du moins pas encore !). Nous avons la dictature de l'apparence, entretenue par nos dirigeants, industriels et politiques, intimement liés par leurs intérêts communs. Elle nous abêtit assez pour faire de nous des

petits soldats bien dressés qui nous conformons à ce qui doit se faire.
Nous ne devons pas, toutefois, refouler toutes les émotions. Nous devons garder la peur et même l'entretenir. La peur est une formidable énergie de manipulation. Par exemple, après la pose de portes blindées, de codes, de sas, et de caméras de surveillance, il devient difficile de se sentir en sécurité en cas de défaillance de la moindre parcelle du système. Et si l'on médiatise la violence, les vols, les attentats et les meurtres, nous poserons nous-mêmes des caméras supplémentaires sous l'œil bienveillant et amusé de nos dirigeants, qui, pour nous prouver que notre « sainte trouille » est justifiée, enverront, après avoir averti la presse, un escadron entier de policiers pour arrêter trois voyous, en serrant la main à un respectable détourneur de fonds.

Dans Libria, régie par un système totalitaire, la notion de liberté est claire pour les rebelles. Les résistants savent pourquoi, et contre qui ils se battent. Pourtant, la population s'administre le Prozium elle-même. Pour certains, la peur d'être arrêtés les pousse à accepter, d'autres sont convaincus du bienfait de cette méthode (par la propagande ou pas). Tous, du moins au début, ont choisi d'accepter la drogue.

Dans notre société, nous avons l'impression d'être libres, et nous le sommes d'une certaine manière, mais nous nous enfermons nous-mêmes.
C'est de notre propre initiative que nous refoulons nos émotions, individuellement et collectivement, que nous nous conformons à la norme de l'apparence, tout en pensant que nous

n'avons pas le choix. Il existe aussi une résistance dans notre société. Mais à ceux qui veulent élever la voix, on répond qu'ils ne comprennent rien. Il est alors inutile de les mettre en prison, ils passeront pour des imbéciles ou pour des fous, et personne ne les suivra pour paraître intelligent ou sain d'esprit.

Equilibrium nous montre parfaitement comment la surveillance, les arrestations, les démonstrations de force, les condamnations augmentent le pouvoir de l'unique dirigeant. Mais il nous montre aussi comment tout ceci peut donner sa détermination à la résistance.

Dans notre société, la dictature de l'apparence donne aussi du pouvoir à ceux qui en ont déjà. La résistance s'organise mais ce n'est pas facile. L'ennemi n'est pas clairement identifié. Comment peut-on lutter contre une attitude ? Beaucoup de gens se conforment mais tombent malades, dépriment, souffrent, et donc, se posent des questions. Notre besoin d'exister par autre chose qu'une présence physique et donc d'avoir des émotions, est toujours vivace. C'est que nous n'avons pas de Prozium !
Alors fleurissent les émissions télévisées où on pleure, où on étale sa vie privée, où on se plaint.
Alors, pullulent les livres censés raconter la vie des « grands », pleins de détails « croustillants », et d'autres relatant l'expérience (malheureuse) de plus « petits ». Et nous achetons ! Parce que ces livres sont intéressants parfois, mais aussi pour nous rappeler que nous sommes en vie, ou pour nous persuader que la comédie est ailleurs.

Alors se multiplient les stages et les conférences, destinés aux cadres pour apprendre à gérer les émotions. (Pourvu qu'ils en fassent bon usage !).
Alors le mot « émotion » apparaît de plus en plus dans la publicité. Il devient un outil de vente.

Est-il possible que la situation soit aussi grave ? Est-il possible que notre ignorance soit si grande ? Oui ! Mais le doute nous assaille parfois.
Nos manipulateurs sentent notre trouble et notre questionnement. Ils craignent que nous ne rebroussions chemin. Il faut alors très vite nous expliquer comment rééprouver des émotions avant que nous le retrouvions nous-mêmes. C'est ainsi qu'on voudrait nous faire croire que nos émotions passent obligatoirement par le téléphone portable et la télévision, par l'achat d'objets. Ce n'est pas tout à fait faux si on enlève le mot : obligatoirement, un mot qui, adroitement, n'est jamais prononcé. Tout est encore dans l'attitude. Et pour nous éviter de retrouver les vraies, voilà que les émotions deviennent des maladies. Oui ! Oui ! Mais on va nous soigner ! Avec des médicaments !
Nous ne sommes pas loin du Prozium, n'est-ce pas ?

La responsabilité et Libria

Un responsable politique, un dirigeant, un chef d'état se doit de privilégier le bonheur de la collectivité. Pour cela il est souvent obligé de laisser de côté ses propres intérêts. Voilà la théorie ! C'est ce que l'on retrouve dans la conversation de Jürgen et Preston.

« Equilibrium » nous montre aussi la pratique, et nous découvrons Dupont, à la tête de Libria, éprouvant des émotions qu'il interdit aux autres, goûtant le pouvoir et souhaitant le garder, commanditant l'assassinat de tous les déviants, utilisant la force des Tétra-grammatons sous Prozium et programmés pour ne voir, dans cette extermination, que le bien de Libria.

Nous ne pouvons alors nous empêcher de penser à nos propres dirigeants qui prennent des décisions plus électorales que respectueuses de l'intérêt général, de certains chefs de grandes entreprises qui ne s'investissent que pour l'augmentation du solde de leur compte en banque, des industries pharmaceutiques favorisant la consommation inutile de médicaments, oubliant l'humain pour ne penser qu'aux parts de marché.

Cette responsabilité-là s'exerce à un niveau élevé de la société. Elle s'ajoute aux responsabilités personnelles.

Quand Preston tue les « déviants », il agit sur ordre de sa hiérarchie, mais il choisit d'obéir, il est donc responsable, même s'il a des circonstances atténuantes puisqu'il ne ressent pas les émotions et qu'il pense agir pour le bien de la communauté. De même, lorsqu'il ne prend plus ses doses de Prozium, il se sent responsable de la mort de Partridge et de l'arrestation de Mary. Il ira plus loin encore en voyant son image lors de la condamnation de sa femme. Il ne peut que se sentir responsable de toutes les morts qu'il a causées, en sachant qu'il prend le Prozium par conviction et non par habitude ou par peur comme beaucoup. Il tue sur ordre, mais en choisissant de prendre le Prozium, il choisit aussi de tuer. Le choix et la responsabilité vont de paire, et Preston accepte cette responsabilité du début à la fin. Jamais il ne se cherche d'excuses.

Servir

La notion du service à l'autre est difficile à cerner en soi. Nous pouvons voir, dans le film, plusieurs catégories de services.

Servir peut être seulement un métier.
Servir peut représenter l'essentiel de son travail sans égard pour les autres. Ces autres deviennent des chiffres, des noms sur un fichier, un simple corps devant soi, un cas.

On peut servir pour se servir.
Consciemment ou inconsciemment, certaines personnes aident les autres, tout en ne servant qu'elles-mêmes. Le don de soi n'en est pas vraiment un. Grâce à l'activité exercée, la personne existe, obtient de la reconnaissance.

Le véritable service.
La personne ne se conçoit que comme un maillon de la chaîne. Elle développe une empathie pour les autres. Elle offre son temps et ses connaissances pour les autres, dans leur intérêt, s'oublie en tant qu'individu. Au moment où elle donne, elle n'est qu'esprit incarné.

Qu'est ce qu'une émotion ?

Le terme émotion est difficile à définir. Le minimum que nous puissions dire c'est qu'une émotion est un trouble subit et passager, provoqué par un événement ou un changement dans notre environnement (passé, présent ou prévu). Il s'accompagne parfois de modifications de comportements (tremblements, pleurs), et/ou de réactions physiques (rougeur, pâleur).

Dans les mots *émotion* et *émouvoir* il y a la notion de mouvement (latin : *emovere,* mettre en mouvement). L'émotion va éveiller quelque chose et provoquer une réaction (même quand c'est la paralysie).
Éprouver des émotions c'est ressentir des émotions. On pourrait améliorer notre définition en nous rappelant la signification première d'éprouver : faires ses preuves, connaître par l'expérience.

Les émotions sont donc des signaux, des messages qui nous renseignent sur une situation, sur un changement dans notre environnement, pour nous permettre de réagir ou de nous adapter à ce changement. Elles sont les témoins de malaises pouvant nous affecter, elles nous préviennent.

Exemple : je traverse une route, une voiture arrive à grande vitesse. Même si je n'en suis pas vraiment conscient, mes sens ont enregistré le bruit de moteur de l'engin arrivant à une allure ne me permettant pas d'arriver sans danger de l'autre côté (événement). Un signal se déclenche, produisant la peur, aboutissant à une accélération de mon pas pour échapper au danger (réaction). Nous dirons alors que nous avons senti le danger (sentir, c'est recevoir une impression par les sens).

Tout ceci pourrait nous faire croire que le « cognitif » n'entre en jeu que pour partie dans l'affaire. Ce n'est pas si simple que cela. Plusieurs fonctions interviennent dans le processus. Nous n'entrerons pas dans les détails, ce processus étant complexe, et les spécialistes étant partagés.

Nous pouvons toutefois comprendre qu'une émotion est un récepteur et un émetteur à la fois, et qu'elle n'est pas tout à fait subjective ni tout à fait objective, vis-à-vis de nous-mêmes et vis-à-vis des autres. Nous ne réagissons pas tous de la même manière aux événements et aux émotions. Nos réactions dépendent de notre caractère, de notre rapport au monde et aux autres, de notre vécu, de notre état d'esprit lorsque nous y sommes confrontés.

Plusieurs types d'émotions peuvent nous affecter. Certaines sont simples et directes (la peur, la tristesse, la joie). D'autres sont le résultat de l'association de plusieurs émotions simples (la pitié, la culpabilité). Nous pouvons parler d'émotions positives ou négatives si nous ne considérons que leur côté agréable ou pas. En fait, chacune d'elles est les deux à la fois selon le point de vue.

Nous nous servons constamment de nos sens, le signal d'alarme « émotion » les accompagne. Les émotions sont donc présentes à chacun de nos pas. Empêcher leur apparition serait une erreur, mais sans contrôle, elles engendrent le chaos. D'ailleurs nous avons tendance, consciemment ou inconsciemment, à exercer ce contrôle dès qu'elles surviennent, Elles nous sont utiles parce qu'elles nous permettent de réagir à certains événements, mais aussi parce qu'elles participent à notre processus décisionnel et à la construction de notre expérience.

Maîtriser ses émotions.

Maîtriser c'est diriger et diriger (du latin dirigere) c'est redresser, ranger, mettre en ligne droite.

Il est difficile de définir ce qu'est la maîtrise des émotions. Nous commencerons donc par énoncer ce qu'elle n'est pas.

Tout d'abord ce n'est pas refouler nos émotions.
Refouler, c'est chasser, repousser. En ce qui concerne nos émotions, lorsqu'il est temps de les repousser, c'est qu'elles sont déjà nées, elles sont déjà présentes en nous. Les renvoyer à l'extérieur, ce serait les manifester, les exprimer, et c'est ce que nous voulons éviter. Il n'y a qu'un seul endroit où elles trouveront une place : l'inconscient. Soit elles restent tout près du conscient, prêtes à surgir, soit elles s'enfoncent au plus profond de nous, au point que nous croyons qu'elles ont disparu. Dans les deux cas le résultat est désastreux : maladie, dépression, au minimum du mal-être. Dans le premier cas, le cumul pourra donner lieu à des explosions, dans le deuxième, les maladies et dépressions n'en seront que plus graves parce que les causes en seront cachées.

Ce n'est pas non plus, ne pas se mettre en situation d'en éprouver, ne pas leur donner l'occasion d'apparaître. Ce serait se couper des autres et se couper de soi-même. Autant dire que ce serait vivre dans une tour où notre « petit moi » se nourrirait de lui-même, prêt à grandir et devenir « un » centre, puis « le » centre. (Dans le film : intérieur froid, pellicule sur les fenêtres, pas de livres, pas d'art, etc.).

Ce n'est pas devenir indifférent, ce serait se construire une autre tour fictive, qui nous isolerait de tout. Cultiver l'indifférence reviendrait à devenir un habitant de Libria sans administration de Prozium, un peu comme Dupont dans le film.

Voyons maintenant comment définir la maîtrise des émotions.
Maîtriser ses émotions pourrait donc signifier : accepter que les émotions se manifestent, tout en leur donnant une liberté surveillée. Ce serait les voir apparaître sereinement et les diriger de façon à limiter leurs effets nocifs et, pourquoi pas, en tirer le meilleur.
Les émotions ne doivent pas nous surprendre. Les voir apparaître est important. Rester serein l'est encore plus, car, si ce n'est pas le cas, des émotions supplémentaires s'ajoutent à celles déjà présentes : la peur, l'agacement etc.
Nous pourrons rester sereins en commençant par accepter qu'elles se manifestent. Le plus souvent nous leur refusons l'accès.
Et nous sommes surpris tant nous pensons que nos refus, que notre volonté, ont tout pouvoir sur la nature. Nous sommes dans l'illusion de contrôle dont nous parlions dans « Kung Fu Panda - la puissance du croire ».

Pour maîtriser, pour diriger, il faut d'abord connaître. Dans le cas des émotions, l'important est de les *reconnaître* pour mieux *se connaître,* l'inverse étant vrai. Il s'agit de comprendre pourquoi et quand elles surgissent, de façon à préparer leur venue. Les émotions ne sont pas nos ennemies, mais deviennent envahissantes si nous leur barrons le passage. Elles ne sont nocives qu'au moment où nous les empêchons de se manifester.

Les émotions que nous éprouvons font partie de notre nature. Si une émotion frappe à notre porte, il est inutile de lui barrer la route, la nature finira par briser ce qui la gêne ou s'installera dans les lieux sombres et ignorés, causant des dommages, sapant notre équilibre souvent si fragile.

Dans le film, Preston éprouve des émotions sans le savoir, et c'est pour cela qu'il sera choisi par Dupont pour infiltrer la résistance. Dupont sait qu'un jour ou l'autre il sera ébranlé par la mort ou la trahison. Il profite de l'exécution de Partridge pour l'influencer. Il le met doucement sur la voie, il le fait glisser vers le doute. Il sait qu'à un moment ou à un autre, Preston ne prendra pas le Prozium et qu'il sera ainsi pris dans l'engrenage. Dupont, de sa position dominante, peut manipuler à sa guise dans des entretiens qui ressemblent à des interrogatoires. Preston ne sait pas que Dupont éprouve des émotions, qu'il peut le deviner et prévoir ses réactions. Dans ce cadre sombre et froid, avec la présence permanente et menaçante d'hommes en armes, Preston est bien trop occupé à chasser tous les sentiments troublants qui l'envahissent et qu'il ne comprend pas, pour imaginer où Dupont le mène. Preston nous paraît même parfois un peu naïf.

Il en est de même pour nous. Nos pensées sont souvent totalement mobilisées pour la construction de barricades bloquant le passage aux émotions. Pendant ce temps-là, notre Être se vide de toute substance laissant tout l'espace à l' « ego ».

Quant à la naïveté de Preston, rappelons-nous que les gens foncièrement « vrais » paraissent souvent très innocents. C'est, en règle générale, qu'ils n'imaginent pas une minute qu'on puisse être aussi tordu.

Revenons au film pour une autre illustration. C'est la scène dans laquelle Preston lutte avec Brandt.

On peut voir ici les trois phases de notre cohabitation avec les émotions.

- Les émotions affaiblissent → Preston n'est pas en état de prévoir les coups (il se laisse dominer par ses émotions).

- Elles rendent violent ou hargneux → Preston attaque et reste dans la violence sans laisser une minute à son adversaire (il rejette ses émotions). Il semble en état de supériorité mais ce n'est qu'une supériorité physique qui donne le pouvoir intellectuel à Brandt. Ce dernier s'en sert pour donner une autre information qui troublera Preston (retour à la première phase).

- Elles sont contrôlées → Preston reprend la main et gagne.

Maîtriser ses émotions : comment faire

Accepter que les émotions se manifestent.

Pour dire oui aux émotions il faut déjà accepter le fait que les émotions soient naturelles, et ce n'est pas si évident que cela. Beaucoup de gens vous disent qu'il est normal d'éprouver des émotions tout en présentant les leurs comme des maladies. Si dans certains cas, leurs manifestations peuvent être vraiment invalidantes, les cas graves, méritant un suivi psychologique soutenu, sont assez rares. Le plus souvent, elles sont gênantes et ne deviennent des handicaps que parce que nous leur donnons plus d'importance qu'elles ne doivent avoir. En leur barrant la route, en essayant de les anéantir, nous leur donnons une force qu'elles ne méritent pas. En nous focalisant sur elles au moment où elles apparaissent parce que nous les redoutons, nous accélérons le processus.

Il est, bien sûr, difficile de résister à la tentation de les considérer comme des affections de notre santé quand on lit, par exemple, que la timidité est une maladie, et que les laboratoires « machin » ont mis au point un remède efficace. Il est tentant de se dire que nous n'y sommes pour rien, que nous n'avons rien à faire que de prendre la pilule miracle. (Lire l'intéressant dossier sur l'industrie pharmaceutique, publié dans « Book » en avril 2009)

Il est vrai que, si on évalue le nombre de gens timides, et si on considère que nous sommes tous timides mais à des degrés divers, on comprendra l'intérêt que représente ce marché.

Rester serein

Une fois que nous avons accepté que les émotions apparaissent nous avons gravi la première marche pour être serein. Encore faut-il le rester.

Nous ne le restons pas parce que nous rajoutons des émotions à celles qui sont déjà nées. Nous sommes agacés et découragés (Je n'y arriverai jamais !). Nous nous dévalorisons (Je suis incapable de me gérer). Nous avons peur du regard de l'autre (on va encore se moquer de moi).

Nous ne restons pas sereins quand, essayant de résoudre le problème, nous confondons l'effet et la cause. Dans le cas de la timidité par exemple, nous pensons qu'elle découle du manque de confiance en soi. C'est le cas mais seulement partiellement. Le timide allie le manque de confiance en soi, à l'envie de plaire et à la peur de ne pas y arriver. Ici commence le cercle vicieux. La timidité étant, pour nous, un trait de notre caractère, nous évitons certaines situations, nous évitons de nous engager. De ce fait, nous ne nous donnons pas les moyens d'acquérir de l'expérience et nous perdons progressivement confiance en nous.

Nous ne restons pas sereins parce que nous nous focalisons sur les manifestations de l'émotion (rougeur, bégaiement, etc.). Nous essayons alors d'endiguer leur flot en oubliant leur origine, ce comportement menant à la panique.
Par exemple, c'est exactement comme si, en faisant le ménage, et dans un mouvement malheureux, l'aspirateur avale quelque chose que nous essayons de récupérer en tirant dessus, alors qu'il est si simple d'appuyer sur le bouton arrêt de cet aspirateur.

Nous savons maintenant ce qui nous fait perdre notre sérénité et nous essaierons de ne plus tomber dans le piège, tout en nous pardonnant de succomber de temps en temps.

Reconnaître ses émotions.

Nous admettons leur venue, et nous sommes décidés à rester sereins. Nous pouvons maintenant essayer de reconnaître nos émotions. Nous ne le pourrons qu'en nous regardant en face, en nous observant comme si nous étions une autre personne, un ami très cher que nous souhaitons aider, que nous nous gardons bien de juger, et pour lequel nous avons de la compassion. Pour cela, il faudra faire un effort de volonté, se motiver en réalisant que nous nous sentirons mieux ensuite, aiguiser notre attention pour tenter de voir l'essentiel, et comprendre ce qui se passe dans cette chère tête.

Cet exercice est plus difficile qu'il n'y parait. Nous pourrons ici nous rendre compte de notre passivité devant ce corps et ce psychisme auxquels nous nous identifions. Nous pourrons aussi déceler des mécanismes auxquels nous nous soumettons inconsciemment. Enfin, petit à petit, nous découvrirons cette force qui nous habite et grâce à laquelle nous pouvons tout.

Pour pointer du doigt l'émotion qui apparaît, il faut être attentif, la repérer et ne pas la perdre de vue, éloigner de nous les pensées qui tournent en rond, perdre l'habitude du « zapping » intellectuel, et tout ceci sans tension excessive.

Pour donner une image concrète, c'est comme faire un « cliquer glisser » pour remettre un fichier à sa place sur un ordinateur. Ici le fichier est l'émotion apparue, l'attention est votre doigt restant appuyé sur le bouton gauche, mettre l'émotion à sa place devient le déplacement de ce fichier.

Les laisser s'exprimer

Nous avons maintenant repéré nos émotions et nous allons les laisser s'exprimer.

Les laisser s'exprimer ne veut pas dire, par exemple, hurler ou frapper chaque fois que l'on est en colère. La méthode dite « cathartique » a ses détracteurs.

Les laisser s'exprimer serait plutôt les laisser se dévoiler pour mieux se connaître soi-même. Dans l'exemple de tout à l'heure, nous ouvririons le fichier et entamerions les recherches : que ressens-tu ? Pourquoi ? Depuis quel moment ? Qu'as-tu envie de dire ? Où sont les responsabilités ?

Il s'agit de comprendre ce qui se passe dans l'instant, décortiquer le pourquoi immédiat, aller ensuite en chercher les causes profondes, démonter nos automatismes, nous débarrasser de nos préjugés, de nos bonnes vieilles habitudes si sécurisantes.

Les exercices de respiration consciente, les exercices de concentration, la méditation, sont tous indiqués pour nous apporter l'aide dont nous avons besoin. Pratiquons-les sans retenue. Ils nous aideront à maintenir notre esprit en état de vigilance. Les exercices de visualisation pourront aussi être pratiqués pour nous détendre, pour chasser les idées négatives, pour nous aider à nous transformer.

Voir et se voir, entendre et s'entendre, comprendre et se comprendre c'est aussi voir, entendre et comprendre les autres.

À L'ÉCOUTE DES AUTRES

Chacun de nous est, un jour ou l'autre, confronté au problème de devoir aider quelqu'un (ami, collègue, voisin, simple connaissance). Certains d'entre nous font partie d'associations et apportent leur soutien aux autres quotidiennement.

Vous conseillerez bien sûr la consultation d'un médecin ou d'un psychologue à la personne que vous souhaitez aider, mais vous pourrez vous rendre compte que cela convient, ou suffit, à certains, mais pas à d'autres. Ceux à qui cela ne convient pas ont surtout besoin d'écoute.

Cette rubrique a pour but de soulever certains problèmes que nous pouvons rencontrer dans nos relations à l'autre qu'elles soient amicales, ou professionnelles, bénévoles ou rémunérées. Les lignes qui suivent donnent des pistes que vous êtes libres de suivre ou pas. Ce ne sont que des pistes, vous devez faire confiance à votre intuition.

Vous vous retrouverez devant des cas identiques, mais aussi devant d'autres, ayant l'apparence de la similitude dans leurs effets, mais qui se révéleront profondément différents dans leurs causes. Le but étant de soigner les causes, les méthodes vont varier. Faites-vous confiance tout en ayant un œil sur votre ego. L'ego est comme un enfant capricieux qui cherche à avoir le dernier mot. Il vous soufflera que vous connaissez déjà ce cas, que ce sera facile, et quelques fois même, que vous êtes le meilleur. Parfois aussi, il vous dira que vous ne trouverez jamais, et que vous êtes nul. Vous devez bien entendu, ne pas oublier ce que vous connaissez, mais tout doit être bien rangé dans un tiroir entrouvert, prêt à être ressorti. Vous devez toujours considérer le cas que vous avez devant vous comme inédit. C'est ainsi que vous éviterez les erreurs d'appréciation. Vous devez savoir que vous ne savez rien, même si votre ego vous dit que vous savez tout.

Essayez de comprendre la personne que vous avez devant vous. Faites-le, pour elle, et à travers elle. Devenez empathique et vous trouverez ce qu'il faut dire, vous entendrez ce qui se cache derrière ses mots à elle, derrière ses silences, ses larmes et ses rires. Souvenez-vous que cette personne est un autre vous-même. Si elle éprouve des émotions, vous en éprouvez aussi, et si vous sentez les siennes, elle sent aussi les vôtres.
Si vous essayez de guérir, de soigner, alors ce sera l'échec ou la semi-réussite. Guérir ou soigner vient toujours en second. C'est le résultat de votre empathie. Chaque fois que vous voulez guérir ou soigner pour faire le bien, vous êtes dans l'ego, car nul ne sait où sont le bien et le mal.
Quand vous êtes dans la compassion (je n'ai pas dit la pitié), vous laissez l'autre choisir sa voie, vous l'aidez à ouvrir, chez elle, le passage qui lie le corps et l'esprit.
Profitez de ce travail pour progresser vous-même. Quand le patient est parti, demandez-vous ce qu'il vous a donné, ce qu'il vous a appris de vous-même, ce qu'il vous a permis de comprendre et peut-être même ce qu'il a guéri en vous. Quand le travail devient échange, il est doublement réussi.

Des émotions mal gérées peuvent être à l'origine de malaises importants, de maladies, d'inadaptation sociale.
Le plus simple sera, dans cette rubrique, de donner quelques exemples. Nous donnerons un prénom à chaque patient pour faciliter l'exposé.

Premier cas :

Isabelle est secrétaire, elle travaille depuis déjà très longtemps. Elle m'explique qu'elle est toujours exploitée dans son travail, qu'on ne la respecte pas. Elle se met très rarement en colère mais, ces derniers temps, elle a craqué plusieurs fois. Elle réalise que ces colères étaient inutiles.
- Y : Pourquoi pensez-vous qu'elles soient inutiles ?
- I : parce que rien ne change, parce qu'on ne me comprend pas.
- Y : la colère vous a-t-elle soulagé ?
- I : oui, dans l'immédiat.
- Y : elle n'était pas tout à fait inutile alors ! Garder sa colère est plus malsain que de l'exprimer. Et puis, quelques fois, cela ne fait pas de mal de dire ce que l'on pense. *(L'objectif est ici la déculpabilisation)* Mais nous sommes d'accord sur le fait qu'il faut travailler en amont. Pourquoi pensez-vous qu'on ne vous respecte pas ?
- I : (colère) Je m'y attendais à celle-là ! Je sais ! Je ne me respecte pas !
- Y : Vous tombez mal, je ne suis pas d'accord avec cette théorie.

- I : *(silence, regard interloqué)*
- Y : Pourquoi pensez-vous qu'on ne vous respecte pas ?
- I : parce que j'accepte n'importe quel boulot, même quand il faut faire le ménage, je le fais.
- Y : pourtant vous ne pensez pas que faire le ménage soit dégradant.
- I : bien sûr que non ! Mais les autres, eux, pensent que c'est dégradant. Non seulement ils ne le feraient pas, mais en plus, ils se permettent des allusions et des réflexions.
- Y : Je vois ! C'est peut-être leur bêtise qui vous énerve après tout !
- I : *éclat de rire – l'atmosphère se détend.*
- Y : quand vous dites : on ne me respecte pas, cela se traduit comment concrètement ?
- I : on m'exploite et on me fait comprendre que je suis une imbécile.
- Y : et vous pensez que vous êtes une imbécile ?
- I : pas du tout ! *(ton sec)*
- Y : nous dirons donc que le terme « imbécile » a une signification relative qui ne s'évalue ici que par le contexte particulier d'une société basée sur les apparences.
- I : exactement ! *(ton intrigué)*
- Y : bref ! Vous ne rentrez pas dans le moule !
- I : en quelque sorte !
- Y : Voyez-vous ! Je pense que ce sont les gens qui ne respectent pas les autres qui ne se respectent pas, et ils ne se respectent pas parce qu'ils se blessent en voulant meurtrir les autres. Ils utilisent les autres et se permettent des allusions parce qu'ils ne peuvent supporter qu'il

existe encore des gens qui restent eux-mêmes, des gens qui sont des preuves vivantes de la possibilité d'être « vrai ».
- I : alors ! Je ne suis pas si nulle que ça ? *(air soulagé)*
- Y : vous voyez que quelque part vous vous prenez pour une imbécile.
- I : ah oui ! *(ton affirmatif et étonnement)*
- Y : mais avouez-le ! Quelques fois vous aimeriez bien rentrer dans le rang ?
- I : oui ! Mais je n'y arrive pas.
- Y : c'est quand vous essayez de vous conformer que vous ne vous respectez plus. Et quand vous revenez à votre vraie nature ?
- I : ça m'énerve !
- Y : Nous y sommes !
- I : pardon ?
- Y : quand vous êtes en colère, vous l'êtes contre vous-même, parce que vous n'avez pas su changer, parce que vous pensez que vous n'avez pas le choix, que vous êtes obligée de vous conformer pour exister dans cette société.
- I : comment faire alors ?
- Y : il y a seulement une chose à comprendre. C'est que vous avez déjà choisi de rester vous-même, et il y a longtemps. Votre réussite réside justement dans le fait de rester vous-même et de l'accepter.

Votre colère s'exprime parce que vous pensez être indécrottable et que les autres viennent enfoncer le clou comme pour vous conforter dans vos doutes, pour vous faire rentrer dans le rang.

Que les autres vous exploitent est leur problème. Vous êtes libre, vous pouvez dire oui ou non. Eux sont prisonniers de l'apparence, ils ne peuvent que dire non. C'est cela qu'ils vous envient : votre liberté. Ils essaient de se convaincre que vous êtes une imbécile et c'est une façon de se voiler la face.
- I : *silence – regard dans le vague – réflexion*
- Y : C'est là qu'interviennent la manipulation et donc l'exploitation.
- I : comment ?
- Y : Pour se convaincre que vous êtes une imbécile, il faut vous en convaincre aussi. C'est facile puisque vous êtes dans le doute. Ils vous persuadent alors que vous dites toujours oui parce que vous êtes une imbécile, alors que vous dites oui parce que vous croyez l'être.
- I : il faut apprendre à dire non
- Y : le mot « apprendre » me gêne. Je sais ! C'est ce que l'on vous dit souvent. Il ne s'agit pas d'apprendre mais de choisir, d'exercer votre liberté. Vous devez choisir de dire non, et aussi de dire oui.

Commentaire : en réalité la théorie du : je ne suis pas respectée parce que je ne me respecte pas n'est pas réellement fausse, elle est seulement raccourcie et mal interprétée. L'exemple qui vient d'être donné en est une illustration.

Deuxième cas :

Sophie a été agressée il y a deux ans maintenant. Elle a été blessée très légèrement. Elle se plaint d'avoir gardé, depuis cet incident sans gravité, une grande peur quand elle entend un pas derrière elle. Elle sent la panique monter en elle et pense qu'elle pourrait même devenir violente si la personne l'approchait, même sans mauvaises intentions.
Je lui demande alors de me raconter l'incident, si elle le souhaite évidemment.
Elle entrait, à ce moment-là, dans une rue très peu fréquentée qu'elle est obligée de prendre pour rentrer chez elle et où avaient eu lieu, récemment, plusieurs agressions. Elle le savait et était toujours prudente, se retournait, attendait la présence de personnes connues avant d'emprunter ce chemin. Mais ce soir-là, elle était préoccupée et avait pris cette route machinalement. Elle avait entendu brusquement quelqu'un courir, avait reçu un coup violent qui l'avait fait chuter. L'agresseur lui avait arraché son sac en la frappant, puis avait fui.
- Y : vous avez eu très peur ?
- S : sans doute puisque j'ai peur maintenant mais, à ce moment-là, je n'en ai pas eu conscience.
- Y : étiez-vous en colère ?
- S : même pas ! Je me souviens avoir pensé : « ça y est ! C'est mon tour ! Ma première réaction a été de résister mais j'ai abandonné. Ma surprise n'était pas totale, j'avais eu le temps de réfléchir à l'attitude à adopter.
- Y : avant l'agression, vous rentriez chez vous dans un climat de tension ?

- S : *silence - réflexion* Oui ….je crois bien que oui, même si c'était inconscient.
- Y : La vigilance cache une peur, même si elle n'est pas une peur panique. Ne croyez-vous pas, qu'au fond de vous, cette vigilance vous paraissait inutile ?
- S : C'est certain ! Je me disais qu'un jour ou l'autre cela m'arriverait. On ne peut pas toujours être aux aguets.
- Y : si on va plus loin, peut-être étiez-vous même soulagée que cela soit arrivé. « Ouf ! Ça y est c'est fini ! »
- S : *réflexion – étonnement* Je n'irai pas jusque-là mais….après tout …. *Silence*
- Y : comment analysez-vous votre peur actuelle ?
- S : Je dirai que mon cerveau a enregistré que quelqu'un marchant derrière moi représente un danger quand je ne m'en méfie pas.
- Y : donc que la tension vous protège ?
- S : par déduction …oui
- Y : Essayons de faire un petit exercice de visualisation tout de suite.
  Détendez-vous et fermez les yeux. Retrouvez la situation de l'agression. Essayez de la décrire au fur et à mesure et nous en changerons l'issue.
- S : *silence – tension – lutte pour l'apaisement.* Il fait nuit noire. J'ai travaillé tard. Je ne suis pas satisfaite, je n'ai pas réussi à terminer. Je fais des courses. Il y a beaucoup de monde. Je rentre.
- Y : c'est là que vous vous dites qu'il faut quand même être vigilante. Vous vous retournez mais vous ne voyez personne. Mais vous restez attentive. Quand vous entendez courir, vous vous retournez brusquement et vous

donnez, avec votre sac, un grand coup à l'agresseur qui en tombe par terre..
- S : *Éclat de rire*
- Y : mieux vaut que cela soit drôle, c'est plus facile à imaginer.
- S : *fou rire*
- Y : voyez-vous, je pense que lorsque l'agression s'est produite, vous n'avez pas eu réellement peur, vous vous y attendiez. Vous étiez même soulagée que cette tension se termine enfin, et c'est pour cela que vous n'étiez pas en colère. Mais vous n'aviez pas évacué la tension accumulée, ce que vous êtes en train de faire en riant, du moins en partie. Pour la libérer, votre cerveau reproduit la situation stressante dès qu'il le peut pour terminer le travail, c'est-à-dire quand vos sens lui communiquent le bruit d'un pas derrière vous. Pour vous dégager de tout cela, il suffit maintenant de vous discipliner. Chaque fois que quelqu'un marchera derrière vous. Au lieu de nourrir votre peur, vous vous retournerez tranquillement pour vérifier que la situation n'est pas dangereuse, mais seulement après avoir fait, très rapidement, notre petit exercice. Ce qui va vous détendre tout de suite.

En somme, vous reproduisez l'événement traumatisant et vous terminez d'une autre façon. C'est une technique utilisée par les chamans, mais chez eux, elle est beaucoup plus élaborée.

Exercices de visualisation

Vous pouvez faire ces exercices, confortablement installé, les yeux fermés, en essayant de vous détendre le plus possible et en écoutant une musique agréable. Ces exercices se composent de deux phases. Soyez certain de terminer la première avant de commencer la seconde. Ne soyez pas impatient. Restez le plus possible sur l'image agréable, essayez de vous en imprégner.

Premier exemple :

Vous êtes fatigué. Vous vous sentez en prise aux idées noires. Vous avez envie de partir loin...très loin.

Première phase :
Imaginez d'abord un paysage pluvieux et gris, un univers couvert d'immondices, d'usines aux fumées noires et nauséabondes. Imaginez le bruit des machines, des voitures et camions.

Deuxième phase :
Les voitures et les camions disparaissent. Les usines s'arrêtent de fonctionner, elles ne crachent plus de fumée. Elles disparaissent une à une. La terre reprend un aspect verdoyant. Les nuages gris s'envolent poussés par une brise douce. Le soleil resplendit. Garder ces dernières images le plus longtemps possible à l'esprit.

Quand votre esprit se lassera de ces images, ouvrez les yeux et recommencez.

Vous verrez que vous aurez du mal à y mettre, par exemple les fumées d'usine et que celles de la verdure et du soleil s'imposeront plus nettement.

Rappelez-vous que nos fatigues et nos agacements obscurcissent notre vue des choses, qui n'est que ce que nous voulons voir. Les pessimistes voient la grisaille, les optimistes la couleur. Chacun de nous a des moments pessimistes et d'autres optimistes.

Deuxième exemple :

Vous êtes malade et souhaitez accélérer la guérison.

Première phase :
Imaginez votre propre image entourée d'une aura de lumière, mais une lumière pâle. Cette aura est tachée de beaucoup de points noirs, plus ou moins larges, localisés aux endroits malades.

Deuxième phase :
Tous les points noirs disparaissent peu à peu et vous retrouvez une aura scintillante.

Troisième exemple :

Votre esprit est embrouillé et vous ne trouvez pas la solution à un problème. Le plus souvent cette solution est tout près de vous, mais vous ne la voyez pas. L'exercice qui suit ouvre les yeux de l'intérieur et l'espace qui relie l'intuition à l'action.

Première phase :
Imaginez votre propre image, votre propre corps entouré d'une aura grise. Vous avez les yeux fermés.

Deuxième phase :
Imaginez-vous ouvrir lentement les yeux. L'aura perd peu à peu sa grisaille pour devenir lumineuse.

Ce sont, ici, quelques exemples de base, mais qui peuvent s'appliquer à beaucoup de cas. Vous pouvez les transformer de façon à les adapter à vos cas particuliers. Mais n'y mettez pas trop de détails pour ne pas embrouiller votre cerveau. Vous pouvez aussi les rendre amusants, ils en seront d'autant plus efficaces.

N'oubliez pas que beaucoup de textes de « Recueil de l'Être » peuvent être visualisés, par exemple, « Mon âme est tourmentée », qui contient, en mots, les images à construire, et dont les vibrations sont importantes, vibrations que l'on retrouve souvent aussi dans les poèmes de la fin des autres textes.

CONCLUSION

Grâce au film étudié, nous pouvons imaginer ce que serait un monde sans émotions.

Même si nous n'avons pas pu entrer dans les détails, « Equilibrium » nous a permis de comprendre comment naissent les émotions et comment les maîtriser.

Approfondir le sujet vous sera facile. Faites attention toutefois à ne pas vous perdre, car il est aussi très simple d'intellectualiser vos lectures, et d'oublier le contact avec l'« intérieur ».

Rapprochez les connaissances acquises de votre propre expérience. Rappelez-vous surtout que votre sensibilité n'est pas votre ennemie, elle ne demande qu'à être votre alliée.

Si ce livre vous aide à ne pas refuser vos émotions, il aura gagné son pari et vous pourrez entrer en amitié avec vous-même.

Émotions
Ce texte est tiré de « Recueil de L'Être »

Émotions

Tu t'inquiètes de ne pas parvenir à anéantir tes émotions, car tu penses que cette étape est obligatoire pour ton évolution.

Mais il ne s'agit pas de détruire, mais de dompter.

L'émotion est un lien entre le corps et le cœur, et le cœur mène à l'esprit. C'est qu'il est le centre, le départ et l'arrivée.

Le « cœur matière » te rapproche de la souffrance et du plaisir, car il est régi par le dragon.

Mais le « cœur esprit » te ramène au ressenti, car c'est l'âme qui le gouverne.

Et toi, partagé entre les deux parties de toi-même, tu as oublié que l'un est couvert d'un manteau pesant (il a peur, il a froid), et l'autre rayonne près d'une chaleur douce qui n'a pas besoin d'artifices.

L'un se conjugue avec avoir et l'autre avec être.

L'émotion est une barque qu'il faut laisser près du rivage, le temps d'apprendre à répartir la charge.
Quand la barque est trop lourde, elle coule, quand elle est trop légère, elle peut se retourner.

L'émotion est un cheval sauvage qui se cabre si tu veux le monter. Il faut chevaucher pourtant pour arriver au but. Il faut savoir aussi sauter à terre quand l'animal est trop fougueux.

À force de patience, il mangera dans ta main et te mènera tout doucement à ton but.

N'oublie pas, que beaucoup ont cru vaincre leurs émotions et se détacher, mais ils ont seulement atteint l'indifférence.

Alors ! Prends contact avec ton cœur, mais ne le laisse pas te dominer. Retrouve le centre, l'équilibre. C'est un lieu ou l'ego n'a plus le pouvoir.

Là, la lumière est reine, l'amour y trône plein de compassion, d'indulgence et de pardon.

Alors ……..

Que le cheval fougueux te mène
Au ressenti, et si tu peines,
C'est que tu luttes et qu'il ne faut pas
Laisse faire, sans baisser les bras.

Table des matières

LA COLLECTION « De l'œil à l'Être » 9

INTRODUCTION 13

SYNOPSIS ET FICHE TECHNIQUE 15
    I - Synopsis 15
    II - Fiche technique 17
    III - Distribution 18
    IV - Récompense : 19
    V - Box Office France 19

ENVIRONNEMENT 21

LES PERSONNAGES 23
    Les personnages principaux 23
    Les personnages comparés 27

LES SCÈNES 31

COMPRENDRE 41
    Parallèle entre Libria et notre société 43
    La responsabilité et Libria 47
    Servir 49
    Qu'est ce qu'une émotion ? 49
    Maîtriser ses émotions 52

Maîtriser ses émotions : comment faire 56

À L'ÉCOUTE DES AUTRES 61

Premier cas 63

Deuxième cas 67

Exercices de visualisation 70

CONCLUSION 73

Émotions (Texte extrait de Recueil de l'Être) 75

Collection « de l'œil à l'Etre »